L'AMANT

PAR VANITÉ,

OU

LE PÈRE RIVAL,

COMÉDIE

EN TROIS ACTES ET EN VERS,

Par M. Emmanuel DUPATY;

Représentée pour la première fois, à Paris, sur le Théâtre de l'Impératrice, le 9 Avril 1806.

Prix, 30 sous.

A PARIS,

Chez Mad. MASSON, Libraire, Editeur de Pièces de Théâtre et de Musique, rue de l'Echelle, N°. 10, au coin de celle St.-Honoré.

1806.

CHINA

A

M. Emmanuel DE GROUCHY,

Général de Division, Inspecteur de la Cavalerie,
Commandant de la Légion d'honneur, etc.

Aimable ami, jeune et brillant Héros ;
Pour les beaux-arts, quitte un moment Bellonne,
Souris à mes légers travaux,
Et permets que Momus, au son de ses grelots,
Joigne une fleur à ta couronne.
Echappés aux communs revers
Qui suivent trop souvent Thalie,
L'amitié vient t'offrir ces vers,
Et de crainte qu'on les oublie,
C'est à toi que je les dédie !
Contre le tems, contre l'envie,
Ton nom sera leur défenseur ;
Sans prétendre pour eux au temple de mémoire,
Ils pourront près de toi, braver tout froid censeur ;
Toujours de ton côté tu fixas la victoire !
Et de tous les combats, on doit sortir vainqueur,
Sous l'égide de la valeur,
Sous les auspices de la gloire !

PERSONNAGES. ACTEURS.

Mad. DE SENANGE , jeune veuve de
    3o ans, caractère aimable.   Mlle. *Delille.*

EUGENIE, sa fille, ingénuité.   Mlle. *Adeline.*

M. SURVILLE, homme veuf d'environ
    4o ans.   M. *Vigny.*

LINVAL, son fils.   M. *Clozel.*

JASMIN , valet de Linval.   M. *Picard, j.*

MARTON, suivante de Mad. de
    Senange.   Mlle. *Molière.*

UN NOTAIRE, personnage muet.

*La scène se passe chez Mad. de Sénange,
à la campagne.*

L'AMANT
PAR VANITÉ,
OU
LE PERE RIVAL.

ACTE PREMIER.

Le Théâtre représente un Salon donnant sur un Jardin.

SCÈNE PREMIÈRE.

JASMIN, LINVAL.

LINVAL, *entrant le premier.*

Non, Jasmin, laisse-moi !

JASMIN, *le suivant.*

Mais songez donc, monsieur,
Que je suis près de vous un valet gouverneur,
Garçon d'esprit !

LINVAL, *vivement.*

Eh ! bien, je l'aime à la folie ;
Tous mes vœux sont fixés par l'aimable Eugénie.
Je l'adore, en un mot.

JASMIN.

Sera-ce pour long-tems ?

.LINVAL.

Pour toujours !...

JASMIN.

On connaît le toujours des amans !
Toujours pour celui-ci, veut dire une journée ;
C'est beaucoup si jamais il veut dire une année !...
Et pour bien expliquer en amour ce mot-là,
On entend par toujours... tant que l'on aimera!
Pas un instant de plus.

LINVAL.

Ah ! mon ame asservie,
Par toujours, auprès d'elle, entend toute la vie!...
Plus encor s'il se peut !

JASMIN.

Quoi ! monsieur, plus encor !
D'aimer toute la vie, allons faites l'effort ;
Nulle belle, je crois, pour peu qu'elle soit sage,
N'en osera jamais exiger davantage !

LINVAL.

Oui, mais ce n'est pas tout ! A ne rien déguiser,
Ici, pour être heureux, il faudrait épouser.

JASMIN.

Je conçois l'embarras, quelle que soit l'ivresse
D'un amant, que l'amour en voltigeant caressse ;
On veut encor pouvoir au gré de son désir,
Courir de belle en belle, effleurer le plaisir,
Tant qu'une femme plait, lui demeurer fidelle
Et bientôt à son gré, pouvoir s'éloigner d'elle,
Sans aller comme un sot pour toujours s'engager
A chérir des attraits que le tems peut changer,
Et pour l'amour d'un jour, se donner une chaîne
Qui lorsqu'on est épris, est souvent une gêne,
Et devient un fardeau, quand on n'est plus amant.

LINVAL.

Je le suis pour jamais.

JASMIN.

Puisque vous aimez tant,

Epousez, vous avez du bien, de la naissance
De l'esprit et du monde un peu de connaissance.
Loin d'un père élevé, vingt belles tour à tour,
Vous ont trouvé charmant, sous main déjà l'amour,
Devançant la saison à vos désirs propice
Pour le jour de l'hymen, vous rendit moins novice.
Vous êtes jeune encor, c'est un défaut, pourtant,
L'hymen comme l'amour, lo pardonne aisément. . .
Epousez ! . . . .

LINVAL.

C'est fort bien ! mais tu connais mon père,
Pour tout le monde aimable, et pour moi trop sévère
Il croit me voir sans cesse à l'âge où de Paris
Pour aller voyager avec toi je partis.
Depuis ce moment là, j'ai pris de la figure,
Du maintien, de la taille, et malgré ma tournure
Comment un enfant encor, il veut me regarder.

JASMIN.

Cela le rajeunit ! . .

LINVAL.

Il ne veut m'accorder
Ni raison, ni bon sens, et pour le mariage,
Comme on sait qu'il en faut, sous ce prétexte sage,
Car les tristes parens, mon cher, en ont toujours
Pour gronder la jeunesse et fronder nos amours.
Il traiterait mes feux d'une erreur condamnable . . .
Comme s'il pouvait être un amour raisonnable ! . . . .
Même quand on est vieux ! . . . .

JASMIN, vivement.

Il faut presser, prier !
Lui dire, quand on aime, on peut se marier.
L'instant est favorable ! ici je le suppose,
Son séjour imprévu, doit avoir une cause
Très-heureuse pour vous, en lui j'ai remarqué,
Pour madame Sénange, un zèle assez marqué;
Je l'en crois amoureux; d'après son caractère,
Dès qu'il voit une femme, il ne lui faudrait guère

Pour l'aimer, qu'un rival ! deux, il l'adorerait !
Trois, il en serait fou ! quatre, il l'épouserait !
La femme qu'il préfère enfin est toujours celle
Non qu'il aime le plus, mais qu'on dit la plus belle,
L'amour propre est l'amour qui guide son penchant ;
Dès qu'on aime une femme, il en devient l'amant,
Et jusqu'en ses plaisirs son cœur dans la victoire
A toujours moins cherché le bonheur que la gloire !
Or, chacun de madame, ici vante l'esprit
Chacun pour sa beauté, la guette, la poursuit,
Aussi depuis huit jours à ses charmes fidelle
En tous lieux, il la suit, il n'est bien qu'auprès d'elle,
Il en parle sans cesse avec une chaleur !....

LINVAL.

Comme moi de la fille et si j'en crois mon cœur
Autant je chéris l'une, autant il chérit l'autre.

JASMIN.

Bravo, nous aimons donc ici chacun la nôtre,
Car j'adore Marton, et je veux dès ce jour,
Qu'elle engage madame, à servir votre amour.
Du côté de monsieur, nous, tournons notre adresse
Faisons-lui soupçonner, d'abord votre tendresse,
Il vient... là tout de bout, prenez l'air amoureux ;
L'attitude, l'accent, d'un amant malheureux.

LINVAL.

Tel que je suis Jasmin.

JASMIN *reculant.*

Moi je vous considère
D'ici !....

SCENE II.

LINVAL, JASMIN, SURVILLE.

SURVILLE, *à Jasmin en entrant.*

Que fais-tu là Jasmin ?

JASMIN.

Sans vous déplaire
J'examine monsieur.

SURVILLE.

Qu'a-t-il donc?

JASMIN.

Je ne sais
Depuis une heure ou deux, j'y pense sans succès,
Il me semble plongé dans une rêverie
Qui me gagne aussi moi!...

SURVILLE.

Laisse-nous je te prie...

LINVAL, *haut et à part voyant son père s'approcher.*
Je n'ai plus qu'à mourir!

SURVILLE.

Voilà du sérieux
Et la distraction est effrayante.

(*Il lui frappe sur l'épaule.*)

LINVAL.

Ah! dieux!
Mon père, sauvons-nous.

JASMIN, *à Linval en sortant.*

Allons monsieur, courage,
Le premier pas est fait.   (*Ils sortent.*)

SCENE III.

SURVILLE, *seul.*

Bah! chagrin de son âge
Qui me tourmente peu, nous verrons!... mais je crois
De madame Sénange entendre enfin la voix;
Cette femme est charmante et chaque jour en elle
Sans effort, on découvre une grâce nouvelle,
Qu'une autre nous cachait : par un charme enchanteur,
A trente ans, de sa fille on lui voit la fraîcheur,
Le tems a dans leurs traits, mis peu de différence
Aucune dans leur ame! aimable ressemblance!

On ne peut trop prévoir, vers laquelle en secret
Même en y pensant bien, l'amour inclinerait !
D'une rose brillante, un bouton vient d'éclore !
Il croît, s'épanouit ; la rose est belle encore,
Et l'on ne sait bientôt de l'une ou l'autre fleur
Laquelle d'un matin a devancé sa sœur !

SCENE IV.

SURVILLE, Mad. de SÉNANGE.

Mad. de SÉNANGE, *du ton le plus aimnble.*

Pour ma fille je viens chercher votre réponse,
Est-ce enfin pour ses fers, que monsieur se prononce ?

SURVILLE.

Près des femmes, ensemble et soumis et vainqueur,
Perdre sa liberté, c'est trouver le bonheur.
Heureux qui n'a subi qu'un pareil esclavage !

Mad. de SÉNANGE.

Veuf depuis très long-tems, fatigué du veuvage
Et cherchant dans l'hymen un destin plus heureux
Vous prétendez encor former de nouveaux nœuds ;
Et quittant des plaisirs la route trop connue
Pour femme cette fois, choisir une ingénue...
Je vous conçois.... Lassé des piquantes beautés,
Dont l'esprit et les traits seulement sont vantés,
On desire une femme, un peu moins adorable,
Dont le cœur soit plus simple et l'esprit moins aimable,
Qui sache un peu moins plaire, en sachant mieux aimer
Et laisse en elle encor quelque charme à former !

SURVILLE.

Oui cela plait assez !.... dans la fougue de l'âge,
D'un cœur tout neuf encor, on sait peut l'avantage,
Le brillant vous entraîne et l'éclat vous séduit,
Mais évitant bientôt et l'éclat et le bruit,
Le sage pour goûter une volupté pure,
Quitte les faux plaisirs, revient à la nature.

Si l'attrait du bonheur, en son cœur s'affaiblit
Sur les fleurs du printems, le vieillard rajeunit,
Et son cœur ranimé, s'ouvrant à l'espérance
Retrouve encor l'amour aux bras de l'innocence.

Mad. de SÉNANGE, *souriant.*

Et vous pensez alors, que ma fille à son tour
Peut encor vous aider, à retrouver l'amour!

SURVILLE, *avec force.*

Dès le premier regard, à ses loix asservie,
Par ses charmes naissans mon ame fut ravie,
C'était l'hyver, au bal, chacun vantait ses traits,
Remarquait sa décence, admirait ses attraits.
Un murmure enchanteur, par le plus doux mélange
A mon cœur apportait l'amour et la louange!
Je me crus à vingt-ans!.. je m'y crois quelquefois...
Par exemple tenez.... toujours, quand je vous vois.
Pour vous presqu'étranger, vous ayant trop peu vue,
J'osai vous faire alors la demande imprévue
De cet aimable enfant!....

Mad. de SÉNANCE.

Pour la connaître mieux,
Bientôt je vous engage à venir en ces lieux!..

SURVILLE, *d'un ton plus caressant.*

J'arrive!....

Mad. de SÉNANGE.

L'examen tourne à son avantage.

SURVILLE, *se rapprochant.*

Et vous, vous me charmez chaque jour davantage!

Mad. de SÉNANGE.

En elle vous trouvez un ton noble et décent.

SURVILLE.

En vous, tout ce qu'en elle eût cherché son amant!

Mad. de SÉNANGE.

Elle a sur-tout bon cœur...

SURVILLE, *avec feu.*

Et de plus, une mère,
Modèle à présenter à ceux qui veulent plaire,

Qui joignant à l'esprit, la grace et la bonté
Sait encore embellir par l'aimable gaîté,
La raison que l'on craint, la vertu qu'on révère,
Et ces riens.... qui sont tout !...

      Mad. de SÉNANGE *un peu étonnée.*

                    Vous parlez de la mère

C'est de la fille ici, mon ami, qu'il s'agit,
Et pour flatter mon cœur, parler d'elle suffit,
De tous mes sentimens, pour elle ma tendresse
Est depuis bien long-tems le seul qui m'intéresse,
N'aimant plus qu'elle enfin, vers elle j'ai porté
Avec tout mon amour, toute ma vanité.......
Parlons d'elle !.....

         SURVILLE.

        Passons de l'auteur à l'ouvrage ;
Je vais louer encor, car elle est votre image !

      Mad. de SÉNANGE.

Il fallait me louer avant de réussir,
Ce n'est plus un devoir.

      SURVILLE *avec feu.*

        C'est encor un plaisir.

     Mad. de SÉNANGE, *surprise.*

En vérité?.. pourtant ma fille je suppose,
Dans tout ce grand bonheur, entre pour quelque chose ?

       SURVILLE.

Oh ! oui !.. mais je le vois, vous ne devinez pas
Combien à cet hymen vous ajoutez d'appas !...
Depuis que je vous vois, seule ici tête-à-tête
Sans témoins importuns je me fais une fête
De ce lien charmant.... dans le monde à mes yeux
Vous aviez mille attraits, mais par un sort fâcheux
Tout est fard dans le monde et souvent une grace
Que pour plaire on y prend, chez soi, meurt et s'efface.
Il est mille travers que l'on n'y montre pas,
Et des vertus d'emprunts plus encore que d'appas !
Cela peut inspirer une crainte secrette,
Et vous voyant d'abord en tous points si parfaite

On pouvait redouter, et sans malignité
Qu'un peu d'art n'eut en vous fardé la vérité.
Mais aux champs on est soi, je vous trouve la même
A chaque instant du jour, c'est pourquoi.... je vous aime !
On goûte auprès de vous les plaisirs les plus vrais.....

Mad. de SÉNANGE.

Pour exister ainsi, vous nous croyez donc faits ?

SURVILLE.

Pas de doute. Ici, moi, j'épouse votre fille !....
C'est par amour pour vous !

Mad. de SENANGE.

C'est charmant !...!

SURVILLE, vivement.

Quel feu brille !

D'y penser seulement, dans mes yeux, dans mes traits ;
C'est qu'un si doux hymen nous rapproche à jamais.
Quel bonheur ! épouser une fille adorable
Qui promet d'être un jour comme sa mère aimable...
(à part) C'est pourtant difficile !

Mad. de SENANGE, à part.

Au gré de mon desir

Pour ma fille, jamais, pouvais-je mieux choisir...
D'honneur il est charmant !

SURVILLE, à part.

Cette femme est charmante !

Mad. de SENANGE, revenant à lui.

Que cet hymen me plait !...

SURVILLE.

C'est par vous... qu'il m'enchante !

Mad. de SENANGE, hésitant.

Tout est donc convenu ?..

SURVILLE.

Que je vais être heureux !

(A part.)
J'ai pourtant du regret, de voir combler mes vœux !
(Haut.)
Mais, madame, souffrez qu'un moment je vous quitte
Pour rejoindre mon fils, Un grand tourment l'agite.

MAD. de SENANGE.

Peut-être en l'amenant avec vous en ces lieux
Vous l'aurez séparé de l'objet de ses feux ?

SURVILLE.

Amoureux, lui, déjà !...

MAD. de SENANGE, *souriant.*

Pourquoi non, la tendresse
Qui poursuit l'âge mûr, dévance la jeunesse !

SURVILLE.

Mais vous n'y songez pas... c'est encor un enfant...
Un peu grand, j'en conviens !...

MAD. de SENANGE, *riant.*

Oui !...

SURVILLE, *avec humeur.*

D'un tel sentiment
Pût-il même être épris, à son âge, madame,
Souvent on choisit mal un objet à sa flamme.
S'il était vrai morbleu, nous verrions un beau train !...
Je vais m'en assurer...

MAD. de SENANGE, *hésitant.*

Moi, je vais à l'hymen ?
Que vous lui destinez, disposer Eugénie !
Votre ame en ce projet est donc bien affermie ?...

SURVILLE.

Pourrais-je balancer, puisqu'un lien si doux
Sans obstacle à jamais, va m'attacher à vous.

(*A part en s'en allant.*)

C'est dommage pourtant ! non je ne puis comprendre
Comment j'ai pû songer à devenir le gendre
De cette femme-là.   (*Il sort.*)

SCENE V.

Mad. de SENANGE, *seule.*

Mais, je n'y conçois rien
Au moment de former un aussi doux lien,

L'on dirait qu'en moi seule, il place l'espérance
Du bonheur avenir et l'on pourrait je pense
Si l'on avait encor un peu de vanité
Supposer que vers moi son amour s'est porté...
Mais vraiment d'y songer je crois que je suis folle !
Eloignons sans segret cette crainte frivole
Qui fait tort à mon cœur ainsi qu'à ma raison.
Surville, j'en conviens, n'est plus jeune, mais bon,
On le cite partout pour sa délicatesse ;
Il joint au nom, au rang, l'esprit et la richesse,
Ses traits sont encor bien, et par un nœud flatteur
Seul il peut de ma fille assurer le bonheur !..
Mais enfin qui pourra m'expliquer sa pensée !

SCENE VI.

Mad. de SENANGE, MARTON.

MARTON.

De s'habiller madame est je crois peu pressée
J'attendais vainement.

Mad. de SENANGE.

Ah ! te voilà Marton.
Je voudrais, sans détour, consulter ta raison ;
A deviner un cœur toute femme est habile
Aurais-tu remarqué que monsieur de Surville
Eût l'air d'aimer...

MARTON.

S'il aime, il ne faut que le voir
Pour juger que vous plaire est son unique espoir

Mad. de SENANGE.

Quelle preuve ?

MARTON.

D'abord, je suis femme et sincère,
J'ai cru qu'à votre fille il avait voulu plaire,
Mais je l'ai vu ce jour, où, par vous réunis,
Vos voisins, près de vous, n'avaient qu'un seul avis.

Vous chantiez, on trouvait votre voix admirable,
Il l'admirait alors ; on vous disait aimable,
Il citait votre esprit ; remarquait-on vos traits,
Il semblait découvrir en vous nouveaux attraits.
Plus empressé, plus vif, à chaque politesse,
Chaque hommage de plus, redoublait sa tendresse.
Depuis ce moment là, votre éloge toujours
Trouve à présent sa place en ses moindres discours.
Dès que vous receviez ici quelque visite
Il court à vos côtés se placer au plus vite ;
Quand vous avez grand cercle, on voit qu'il est flatté
D'obtenir un coup d'œil. Il serait enchanté
De vous paraître cher ; un mot de préférence
Le charme. . . . Sortez-vous, aussitôt il s'élance
Offre sa main, s'empresse et d'un air radieux
Semble en guidant vos pas, nous confirmer ses vœux !
En un mot à l'ardeur, aux soins qu'il fait paraître,
Sa tendresse pour vous se fait partout connaître.
J'ai des yeux et jamais, sur un tel point je croi,
Femme ne se trompa, pour autrui ni pour soi.

Mad. de SENANGE.

Mais, quand il vient de moi s'informer je te prie
Ne s'imforme-t-il pas avant tout d'Eugénie ?

MARTON.

De vous, toujours d'abord, en revanche, entre nous
Monsieur son fils avant de s'informer de vous
Montre pour votre fille au moins le même zèle.

Mad. de SENANGE.

Comment ?

MARTON.

Mon beau jeune homme en tient je crois pour elle.

Mad. de SENANGE.

Il aimerait ma fille ?

MARTON.

A la rage, il faut voir
Briller dans ses grands yeux le désir et l'espoir !

Si bien que père et fils, brûlent au fond de l'ame ;
L'un pour mademoiselle, et l'autre pour madame.
Jasmin pour moi soupire, et pour que tous les trois
Soient heureux.....il nous faut trois noces à-la-fois...

Mad. de SENANGE, à part.

Mais conçoit-on Surville ? aller prendre une femme,
Quand son cœur en secret brûle d'une autre flamme !
Lorsque c'est moi qu'il aime, à ma fille, entre nous,
Irai-je imprudemment donner un tel époux ?
De m'aimer, je le vois, il a fait la folie
Depuis qu'il est venu s'offrir pour Eugénie ;
Par lui-même engagé, sans doute il n'ose pas,
Malgré lui maintenant revenir sur ses pas !
Venons à son secours !.. rendons-lui sa promesse !
Et sans pouvoir flatter sa nouvelle tendresse,
Rompons à l'instant même un fol engagement...
De ma fille sachons d'abord adroitement
Pénétrer les secrets. A ma chère Eugénie
L'hymen ouvre un sentier tout nouveau dans la vie,
Où souvent on s'égare, où le guide prudent
Et le plus éclairé ne conduit qu'en tremblant !
Consultons bien son cœur ! vous, Marton, du mystère,
Et sur cet entretien ayez soin de vous taire.

(Elle sort.)

SCENE VII.

MARTON, JASMIN.

MARTON.

Moi me taire ! une fille !..

JASMIN.

Eh ! bien, Marton ?

MARTON.

Enfin,

De mon côté, l'affaire est en assez bon train.
Je connais bien madame, et fille sage, habile,
J'ai su, parlant d'abord de l'amour de Surville,

2

Sur l'amour de Linval attirer doucement
Toute son indulgence; on pardonne aisément,
L'amour quand on l'inspire, et les moins tolérantes
Dès qu'on les aime un peu, deviennent indulgentes.

JASMIN.

Vous serez donc, friponne, indulgente à jamais,
Car sans les adorer, peut-on voir tant d'attraits!
Permets qu'un doux baiser, mon indulgente amie...

MARTON, *le repoussant.*

Monsieur...

JASMIN.

Que feriez-vous si vous n'étiez jolie?

SCENE VIII.

JASMIN, MARTON, LINVAL.

LINVAL, *accourant.*

Jasmin?

JASMIN.

Vivat, monsieur, et la mère est pour nous.

LINVAL.

Il se peut!

JASMIN.

Elle a vu votre amour sans courroux.

LINVAL.

Grands dieux!

JASMIN.

C'est à Marton qu'il en faut rendre grace.

LINVAL.

Quel transport... Chers amis, tous deux je vous embrasse.

JASMIN, *passant devant Marton.*

Commencez donc par moi.

LINVAL, *après l'avoir embrassé.*

Maintenant à Marton!

JASMIN.

Eh! non; pour embrasser elle a trop de raison!

Recommençons plutôt.

LINVAL.

Eh ! laisse-moi donc faire ;
Je suis encore enfant, interroge mon père !

JASMIN.

Fort bien, mais je serais très-fâché que Marton,
Si je l'intorrogeais, pût me dire que non !

LINVAL, *sérieusement.*

Elle ne dira rien.   (*Il embrasse Marton*).

MARTON.

Enfant !...

LINVAL.

Tu peux l'entendre.

JASMIN.

Ce n'est donc qu'avec moi que tu sais te défendre ?

MARTON.

Le respect !..

JASMIN.

N'allez pas trop respecter monsieur.

LINVAL.

Eh ! crois-tu qu'Eugénie, à ma brûlante ardeur
Se dispose à répondre.

MARTON.

Eh ! mais, à ne rien feindre,
Cet obstacle n'est pas, je crois, le plus à craindre.
Jeune, un cœur pour aimer, n'attend que d'être aimé,
Et par ceux que l'on charme, on est bientôt charmé !
Mais redoutez, monsieur ; de sa part je présage
Quelques difficultés....

LINVAL, *vivement.*

Oh ! j'ai prévu l'orage !
A quarante ans passés et presqu'en cheveux blancs
S'il veut redevenir un jeune homme, tu sens
Qu'à vingt ans, moi, je dois tout au moins pour lui plaire,
Redevenir enfant, demander la lizière,

Et non pas une femme !

MARTON.

Il aime, eh ! bien tant mieux ;
S'il vous trouve trop jeune, eh ! trouvez-le trop vieux.
C'est le bon, vous pourrez de torts et d'indulgence
Faire un heureux échange, ainsi tout se balance.
Avec lui de la ruse empruntez le secours.

LINVAL.

Cependant c'est risquer !

MARTON.

Eh ! bien, risquez toujours !
A l'amour, à l'esprit, il n'est rien qui ne cède ;
Le chagrin vient tout seul, le bonheur veut qu'on l'aid
Et nous allons vous voir approuver en retour,
Lui votre amour naissant ; vous son dernier amour.
Il vous cherche, courez, et parlez de manière
A pouvoir obtenir.

LINVAL, *vivement.*

Va, je connais mon père,
J'emploirai tous les tons ; leste et respectueux,
Etourdi, sans souci, raisonnable, je veux
Par les airs qu'avec lui tour-à-tour je vais prendre,
Le fâcher, l'attendrir, l'amuser le surprendre,
Et tant faire, en un mot, qu'il me croye en ce jour,
Tout formé pour l'hymen ainsi que pour l'amour.
Je vole à sa rencontre.   (*Il sort*)

SCENE XI.
MARTON, JASMIN.

JASMIN, *gravement.*

Eux mariés ! . . J'espère
Qu'il ne nous faudra pas un long préliminaire.

MARTON.

Je t'aime !

JASMIN.

Je t'adore ! Entre gens comme nous,
Il faut peu de façons pour devenir époux.
L'amour est au contrat le seul bien qu'on apporte,
Et quand on en possède une dose assez forte,
Sans avoir à régler douaire ou préciput,
Nul obstacle n'arrête, et l'on va droit au but.

(*Ils sortent.*)

Fin du premier Acte.

ACTE II.

SCENE PREMIERE.

LINVAL, SURVILLE.

SURVILLE.

Venez, monsieur, venez ; à ce soupir si tendre,
Qu'en approchant de vous je viens encor d'entendre,
Je crois tout deviner !.. le travers est nouveau,
Vous voilà donc épris ? vous aimez ! que c'est beau !
A votre âge, amoureux !

LINVAL, *d'un ton hypocrite.*

Ah ! je le vois, mon père,
Rien n'échappe aux regards que la raison éclaire ;
Oui, j'aime, j'en conviens. . . mais je crains que ce feu
Pour éclater, jamais n'obtienne votre aveu.

SURVILLE.

Il n'est pas tems, monsieur.

LINVAL, *avec une douleur feinte.*

Bannissant la tendresse,
Et prêchant par l'exemple une austère sagesse,
Ennemi de l'amour !..

SURVILLE, *froidement.*

Qui vous a dit cela?

LINVAL.

Oh! je vous rends justice, et justement voilà
Le sujet du chagrin qui me suit, me dévore!
Ennemi de l'amour!

SURVILLE, *avec suffisance.*

Non, monsieur, pas encore!

LIVAL, *gaîment.*

Ah! pour moi quel bonheur!

SURVILLE.

Jusqu'ici l'âge en rien
N'a pu glacer ce feu!...

LINVAL, *étourdiment.*

Duquel je tiens le mien;
Donc vous aurez pour lui quelque peu d'indulgence.

SURVILLE.

Tolérer votre amour!

LINVAL.

J'en étais sûr d'avance!
Mais daignez approuver, mon père, un doux lien.

SURVILLE.

Non, monsieur, à l'amour vous ne comprenez rien;
Vous devez ignorer...

LINVAL.

Avec une ame tendre,
C'est donc ce que l'on fait de mieux sans le comprendre?

SURVILLE.

A mon âge d'ailleurs, et sans être amoureux,
Il est de la raison de former de tels nœuds.
Seul et sur le retour, dans le monde on s'ennuie,
Par sagesse et prudence alors on se marie;
C'est l'usage, monsieur!

LINVAL, *gaîment.*

Cet usage est charmant!
Sans être vieux, l'ennui dès aujourd'hui me prend!..

Mais vous, s'il vous prenait!..

SURVILLE, *froidement.*

Demain je me marie!

LINVAL, *d'un ton caressant.*

Soit! mais songez alors aussi que je m'ennuie,
Je dois donc épouser?.

SURVILLE.

Sans mon consentement?

LINVAL.

Ne peut-on être époux lorsque l'on est amant?

SURVILLE.

Pourriez-vous espérer?..

LINVAL.

Espérer! oui*, mon père!
De l'espoir le rayon, au matin nous éclaire,
Plus tard il brille encore, et votre amour fait voir
Que ce rayon charmant...

SURVILLE.

Eclaire aussi le soir.
Allons, dites, monsieur... Quel ton osez-vous prendre?

LINVAL.

Celui d'un étourdi, mais du fils le plus tendre,
Qui sur votre indulgence et sur votre bonté,
A fondé tout l'espoir de sa félicité,
Et d'après votre exemple, ose, malgré son âge,
Aspirer comme vous aux nœuds du mariage.

SURVILLE.

A peine dans le monde!

LINVAL, *vivement.*

On peu me marier,
Au service déjà j'entrerais grenadier!
Et sans plus de retard, ma double ardeur réclame
De vous un régiment, de l'amour une femme!

SURVILLE.

Pour le régiment, passe!

LINVAL, *à part.*

Allons tout doucement,
J'aurait bientôt la femme, ayant le régiment.

SURVILLE.

Quand à l'hymen, monsieur, par un lien suprême
Conviendrait-il qu'un fils, quand j'épouse moi-même,
Se permît...

LINVAL, *avec feu.*

Pourquoi non? amoureux tous les deux,
En vain l'on me croira trop jeune et vous trop vieux,
Pour voir, grace à l'hymen, nos flammes couronnées!
Vous êtes, j'en conviens, âgé par les années,
Mais de l'âge et du tems également vainqueur,
Vous êtes jeune encor par l'esprit, par le cœur;
Par la délicatesse; et moi, jeune par l'âge,
Je puis, sans être vieux, déjà passer pour sage!
Ainsi, trompant le tems, nous avons tour-à-tour,
Moi, trente ans pour l'hymen; vous, trente ans pour l'amour!
Marchons donc au bonheur tous deux de compagnie,
Et suivons des plaisirs la carrière embellie,
J'approuverai vos feux, vous approuvez les miens,
Nous formons à-la-fois les plus tendres liens;
Vous, par ce double hymen, vous me donnez un frère,
Ou peut-être une sœur; moi, je vous fais grand-père!
Il me faut une mère! il vous faut une brû,
Vous épousez, j'épouse, et tout est convenu!..
Le notaire!..(*Il s'élance vers le fond du théâtre.*)

SURVILLE, *le ramenant.*

Un moment!

LINVAL.

Pour tous deux le tems presse!..

SURVILLE.

Il faut savoir d'abord si de votre tendresse
L'objet peut mériter.

LINVAL.

Je le déclare ici,

Mon père à quarante ans n'aurait pas mieux choisi.

SURVILLE.

Sachons donc. . . .

LINVAL.

N'en étant tous deux qu'à l'espérance,
Faisons-nous tour-à-tour entière confidence.

SURVILLE.

Nommez-moi donc alors cet objet fortuné. . .

LINVAL.

Vous allez commencer !

SURVILLE.

Moi !

LINVAL.

Vous êtes l'aîné !

SURVILLE, à part.

De rire en vérité je ne puis me défendre.

LINVAL, à part.

Il a ri !

SURVILLE, à part.

Tôt ou tard il faudra bien se rendre ;
Il n'est plus tems d'agir en père rigoureux !
On perd bientôt ses droits sur un fils amoureux,
Et dans un cas pareil, quittant le ton sévère,
L'ami seul ressaisit l'autorité du père ! . . .
(Haut.)
Apprends donc qu'en ces lieux mon cœur s'est enflammé.

LINVAL, enchanté.

Mon bonheur est certain, si vous êtes aimé.

SURVILLE.

Je le suis ! . . Tu connais madame de Sénange,
Femme d'un vrai mérite !

LINVAL.

Et belle comme un ange !

SURVILLE.

Qu'on ne peut trop aimer !

LINVAL, *à part, transporté.*

C'est-elle qu'il chérit !

SURVILLE.

Adorable !

LINVAL, *à part.*

Il l'adore !

SURVILLE.

Elle joint à l'esprit,

La bonté !..

LINVAL.

Votre ardeur pour elle éclate et brille.

SURVILLE, *avec feu.*

Femme charmante !

LINVAL, *enchanté.*

Enfin vous épousez.

SURVILLE, *froidement.*

Sa fille !

LINVAL.

Quoi ! sa fille ? grands dieux ! mon père, y pensez-vous ?
D'un enfant de seize ans prétendre être l'époux ?
Est-ce bien assortir l'âge, le caractère ?

SURVILLE, *vivement.*

J'ai trente ans pour l'aimer !

LINVAL, *appuyant.*

Mais il les faut pour plaire !

SURVILLE.

On les a quand on aime !

LINVAL, *avec hypocrisie.*

Ecoutez les avis
Qu'avec soumission vous offre un tendre fils.
J'ose vous l'assurer... vous avez tort.

SURVILLE, *vivement.*

J'espère
Bientôt, par mon hymen, te prouver le contraire !

LINVAL, *vivement.*

De cette preuve-là je vous dispense !..

SURVILLE.

Et moi,

Je prétends te prouver qu'il n'est aucune loi
Qui m'empêche d'aimer un objet adorable,
Que pour s'en faire aimer il suffit d'être aimable.
La jeunesse n'est pas toujours ce qui séduit;
Jeune, on brille en attraits, vieux, on brille en esprit,
Les jeunes gens sont fiers d'une aimable figure,
Dont pendant quelque tems les pare la nature,
Mais ont-ils comme nous cet art fin, délicat
D'attaquer sans efforts, de vaincre sans combat,
De captiver sans plaire, et savoir par adresse,
Sans inspirer d'amour, fixer une maîtresse,
Et loin de s'émouvoir, toujours froids, mais pressans;
De s'emparer d'un cœur sans éveiller les sens!..
Jeune, on sait mieux aimer, vieux, on sait mieux le dire!
L'un est plus séduisant! l'autre sait mieux séduire!
Et sans trop me flatter, bientôt tu pourras voir,
Que je ne nourris point un chimérique espoir!

LINVAL.

On vous aime?

SURVILLE.

A mes vœux, elle n'est point ingrate;
Je parais, la gaîté sur son visage éclate.
Elle éprouve à me voir un plaisir infini!
Ce plaisir par mon cœur est fort-bien défini...
Au seul mot de départ, elle pâlit et tremble!...

LINVAL.

Mais ne devons-nous pas d'ici partir ensemble?

SURVILLE.

Oh! oui, si je partais; mais des liens charmans,
Dans ce château, mon fils, m'enchaînent pour long-tems.
Elle vient! à l'écart, sans bruit, tu vas entendre
L'aveu presqu'assuré de l'amour le plus tendre:
On va l'interroger. Tu me diras après
Quelle belle a fixé tes sentimens secrets.

LINVAL, *à part.*

Que vais-je entendre, hélas? cependant à la mère
Tout disait qu'il avait ici dessein de plaire.

(*Ils entrent dans un cabinet d'où ils ressortent l'instant
d'après.*)

SCENE II.

Les Mêmes, Mad. de SÉNANGE, EUGENIE.

MAD. de SENANGE.

Approches, mon enfant. D'où vieus-tu?

EUGENIE.

Du jardin.

MAD. DE SÉNANGE.

As-tu bien couru?

EUGENIE.

Moi! non, maman, ce matin
Tristement, pas à pas, je me suis promenée.

SURVILLE, *bas, à Linval.*

Tristement! c'est l'amour.

EUGÉNIE.

A mon ame étonnée,
Tout a paru nouveau.

SURVILLE, *de même.*

C'est l'amour!

EUGÉNIE.

En secret
J'éprouvais un tourment que mon ame ignorait.

SURVILLE, *enchanté.*

Ce tourment, c'est l'amour!

MAD. DE SÉNANGE.

Enfant, près de ta mére,
Viens promptement chercher un appui salutaire;
Viens dans mes bras!

EUGÉNIE, *dans les bras de sa mère.*

Ici, pour moi tout est plaisir !

Nulle crainte en secret, n'y suit aucun désir.

SURVILLE, *gaîment.*

Le désir, c'est moi !

LINVAL, *à part.*

Dieux !

Mad. DE SÉNANGE.

Te voilà plus tranquille,

Parlons de quelqu'un.

EUGÉNIE.

Oui !

Mad. DE SÉNANGE.

De monsieur de Surville !

EUGÉNIE.

Ah ! volontiers.

SURVILLE, *à Linval.*

Eh ! bien, dois-je craindre un rival ?

Mad. DE SÉNANGE.

L'aimes-tu ?

EUGÉNIE.

N'est-il pas le père de Linval !

SURVILLE.

Heim !

Mad. DE SÉNANGE.

Qu'importe son fils ?

LINVAL, *enchanté, à son père.*

Ecoutez !

EUGÉNIE.

Au contraire,

Il me plairait bien moins s'il n'était pas son père !

SURVILLE.

Qu'entends-je ?

LINVAL.

C'est l'amour ! (*à part*) Cachons bien mon bonheur !

SURVILLE, *à part.*

Dérobons mon dépit !

EUGÉNIE.

Voici Linval !

SURVILLE, *à Linval.*

Monsieur ,

Retirez-vous.

LINVAL.

Je sors. (*à part, avec joie*) Ah! je conçois, mon père,
Combien votre séjour ici devait lui plaire !

(*Il sort.*)

EUGÉNIE.

Mais je crois qu'il s'enfuit !

———————————————————

SCENE III.

Les Mêmes, excepté LINVAL.

EUGÉNIE.

Ah ! monsieur, dès ce jour,
A jamais parmi nous fixez votre séjour.

SURVILLE, *avec dépit.*

Vraiment !

EUGÉNIE.

Ne nous quittez jamais, je vous en prie !
Jamais, entendez-vous ?

SURVILLE, *à part, avec dépit.*

Maintenant j'apprécie
Ce que ce doux langage a pour moi de flatteur.

EUGÉNIE, *appuyant.*

Si vous vous en alliez, pour nous quelle douleur !

SURVILLE, *à Mad. de Sénange.*

J'en sais assez, madame !

Mad. de SENANGE, *à Eugénie.*

Au jardin, va m'attendre.

(*Eugénie sort.*)

SCENE IV.

SURVILLE, Mad. DE SENANGE.

MAD. DE SENANGE, *après un silence.*

Tout comme vous, monsieur, ceci doit me surprendre.

SURVILLE, *piqué.*

On aurait du prévoir . . . empêcher . . .

MAD. DE SENANGE.

Le peut on ?

L'amour a de tous tems devancé la raison ;
La raison réfléchit, et l'amour au contraire
Qui réfléchit fort peu, va plus vîte en affaire.
Vous ne prétendez plus, je pense, être l'époux
D'un enfant dont le cœur ne saurait être à vous,
Qu'au font vous aimiez peu. . . quand peut-être en votre ame,
Vous formiez en secret. . . d'autres vœux ! . .

SURVILLE, *vivement.*

Moi, madame,

J'aimais peu votre fille ? . . .

MAD. de SENANGE, *surprise.*

Et mais en ce moment

Vous ne parlez plus d'elle en homme indifférent.

SURVILLE, *avec feu.*

Indifférent ! . . qui ! moi ? . . songez y donc, madame,
Un jeune homme, un enfant, m'enlever une femme,
Que je viens épouser, dont les charmans appas,
M'ont toujours énivré. . . Je ne les vantais pas !
Mais rien ne m'échappait ! lui rival de son père !
Il est bien étonnant, morbleu ! qu'on le préfère !
Beau mérite, à vingt ans, de l'emporter sur moi,
Car enfin c'est monsieur qu'elle aime, je le voi :
C'est charmant ! . . .

MAD. de SENANGE, *avec douceur.*

Ce courroux en vous me semble étrange !

Et ce nouvel hymen en nul point ne dérange

Vos projets les plus chers ; par leurs jeunes amours,
Nous voilà rapprochés. . . j'embellirai vos jours !

SURVILLE.

Oui ! les jours. . .Songez donc à quel point on va rire
D'un tour aussi piquant ; les traits de la satyre
Vont sur moi s'exercer !

Mad. de SENANGE.

Prévenez-là , monsieur.

SURVILLE.

Oui !

Mad. de SENANGE.

Ne vous laissez point enlever le bonheur.

SURVILLE.

Non !

Mad. de SENANGE.

Cedez-le plûtôt !

SURVILLE.

Moi !

Mad. de SENANGE.

Par délicatesse ! .

SURVILLE.

Eh peut-elle ordonner de céder sa maîtresse ?

Mad. de SENANGE, *avec ironie et gaîté.*

En effet , quand on est amoureux comme vous,
D'obtenir une femme on doit être jaloux ,
On y tient ! . .

SURVILLE, *avec dépit.*

Oui, madame, et sans tant de mystère
Tout aussi bien qu'un fils j'ai l'espoir de lui plaire.
J'en dois savoir autant, je crois ! . .

Mad. de SENANGE.

Soins superflus !
L'amant qui sait le moins obtient souvent le plus !
En vain vous tâcheriez par esprit, par adresse,
De ramener vers vous sa naissante tendresse,

L'amour est à seize ans lent à se corriger,
Et quoiqu'on puisse faire afin de le changer,
Un cœur tout neuf encor se résout avec peine,
A rompre les liens d'une première chaîne,
Il aime sans partage, et le tems seulement,
Détruisant l'innocence, instruit au changement !
Même en l'asservissant comptorez-vout sur elle,
Quand vous l'aurez instruite en l'art d'être infidelle ?
Vous n'avez, par amour, sû vous en faire aimer,
Sachez par vos bontés vous en faire estimer,
Et vous pourrez, perdant par un bonheur extrême,
Qui ne vous aime point, retrouver... qui vous aime !

SURVILLE.

Mais quand on est épris?

MAD. de SÉNANGE, gaîment d'abord.

Il est des gens, monsieur,
Très-aimables d'ailleurs, remplis d'esprit, d'honneur,
De grace en leur discours, et faits en tout pour plaire,
Mais ils ont en aimant une étrange manière ;
L'amour qu'on leur refuse est celui qui leur plait.
Il faut que l'amour-propre en eux soit satisfait ;
C'est là tout leur bonheur, ils n'en cherchent que l'ombre !

SURVILLE.

Madame!..

MAD. de SENANGE, gaîment.

Je le sais, vous n'êtes pas du nombre
De cés gens-là !.. pourtant de ce travers léger
L'amour vrai ne peut-il, messieurs, vous corriger?

SURVILLE.

Mais, madame, croyez qu'un amour vrai m'inspire.

MAD. de SÉNANGF.

Je le crois (vivement) Cependant, tenez, faut-il le dire ?
Ces gens dont nous parlions, inconstans dans leurs vœux,
Par dépit quelquefois deviennent amoureux ;
Sont-ils près d'une femme, ils n'aiment point encore...
Qu'elle en chérisse un autre, et leur ame l'adore !

3

Non par amour, plutôt par cette vanité,
Qui fait craindre l'affront de se voir supplanté ;
Qui veut qu'à posséder une femme, on aspire,
Non pour la posséder, mais pour pouvoir se dire :
Je l'emporte sur tous !.. Faible et triste bonheur !
Qui meurt pour l'amour-propre avant d'aller au cœur,
Et réserve bientôt à la vaine folie,
Pour le succès d'un jour, des regrets pour la vie !
(*Avec intention*)
Qui fait qu'on sacrifie un sentiment secret.

SURVILLE.

Un sentiment !.... Qui donc aimai-je, s'il vous plaît ?

MAD. DE SENANGE.

Personne, je le vois !

SURVILLE *avec dépit.*

A mon ame ravie,
Vous daignâtes d'ailleurs, accorder Eugénie !..

MAD. de SENANGE.

Oui, mais alors, monsieur, j'espérais que pour vous,
Ma fille aurait conçu des sentimens plus doux,
Et vous aurait aimé, mais autrement qu'un père !
On ne voit pas toujours par les yeux d'une mère !

SURVILLE.

Mais, madame, elle ignore encor mes sentimens !
Je puis, si je lui parle, à mon tour...

MAD. de SENANGE.

J'y consens,
Voyez-la seule ici ; déployez votre adresse !
Je la fais de son choix souveraine maîtresse.
Pour vous qu'elle prononce, et dès ce soir vos nœuds
Par moi seront formés ; mais quelques soient ses vœux,
Rendre heureuse une fille est la première dette :
Qui lui donne un époux que son ame rejette,
Envers elle est coupable, on doit la marier
Pour son bonheur, et non pour la sacrifier !..
(*Mouvement de Surville*)

Et vous la refusant, à mes devoirs fidelle,
Comme en vous la donnant, je ferai tout pour elle.

(Elle sort)

SCENE V.

SURVILLE, *seul, se promenant à grands pas.*

Sacrifier! Morbleu! . . Quoi! céder à mes veux
La femme dont mon cœur se déclare amoureux,
C'est la sacrifier! . . Et m'oser encor dire
Que pour elle mon cœur par vanité soupire!
De l'amour-propre, moi! qui n'ai de vanité
Que celle de briller par ma sincérité!
Viens, Jasmin.

SCENE VI.

SURVILLE, JASMIN.

SURVILLE.

Mon fils aime! . . .

JASMIN.

Ah! qui donc, je vous prie?

SURVILLE, *avec humeur.*

Vous me le demandez! Il adore Eugénie!
Je l'ai vu, je le sais, vous aussi.

JASMIN.

Nullement!
L'amour qui naît, monsieur, n'a point de confident,
Attendons quelques mois, et nous saurons. . .

SURVILLE.

Il aime!
Sans m'en dire l'objet, il me l'a dit lui-même!
De plus, on l'aime!

JASMIN.

Eh! bien, ne peut-on être aimé

Sans que d'un même feu le cœur soit enflammé ?
Les femmes rarement partagent notre flamme ;
Est-on froid ; le désir se glisse dans leur ame ;
Et jusqu'en leur amour, par opposition,
On reconnaît l'esprit de contradition.
Moi, qui parle ! . . . autrefois ! . . .

SCENE VII.

Les Mêmes, EUGENIE.

SURVILLE, à part.

La voilà revenue,
Cette adorable enfant ! cette aimable ingénue.

EUGÉNIE.

Ah ! c'est vous ! mon bonheur est, monsieur, sans égal !

SURVILLE.

Vraiment !

EUGÉNIE.

Vous m'apprendrez où je verrai Linval ?

SURVILLE, avec humeur.

Tu l'entends ?

JASMIN, à part.

Peste soit ! . .

SURVILLE, à part.

Au moins, par elle-même
Je veux adroitement savoir si mon fils l'aime.

JASMIN.

Ah ! diable !

SURVILLE, se contraignant.

Ainsi, Linval vous plaît beaucoup ?

EUGÉNIE.

Hélas !
Loin de lui, maintenant, rien pour moi n'a d'appas.
Au bruit le plus léger, il me semble l'entendre ;

Je crois, à chaque instant, qu'il vient pour me surprendre.
Là, jusqu'auprès de vous ! . . . Quand je suis loin de lui,
Je voudrais bien savoir s'il croit me voir aussi.

SURVILLE, *concentrant son dépit.*

Mais sans doute, en l'aimant, vous savez s'il vous aime ?

EUGÉNIE.

Il ne m'a rien dit.

JASMIN, *à part.*

Bon.

EUGÉNIE.

Il ignore lui-même
Ce qui se passe là ! . . . mais en le lui disant,
Il pourra le savoir. . . puis en l'interrogeant,
A mon tour je saurai. . .

SURVILLE.

Non, la délicatesse
Défend d'interroger d'un amant la tendresse,
Sur-tout de déclarer l'amour qu'on a pour lui.
On se tait, l'on attend.

EUGÉNIE.

Il faut donc aujourd'hui
Sans lui rien demander, tâcher de le comprendre,
Et même sans parler savoir se faire entendre.

SURVILLE, *à part.*

(*Haut à Eugénie.*)
J'enrage ! eh ! bien, Jasmin ?... Jusques à ce moment.
Linval, je le vois bien, vous a paru charmant ?

EUGÉNIE, *vivement.*

Oh ! charmant !

SURVILLE.

Cependant, si j'espérais vous plaire,
M'aimeriez-vous ?

EUGÉNIE.

Beaucoup !

SURVILLE, *d'un ton caressant,*
Mais autrement qu'un père,

Sur votre cœur peut-être ai-je aussi quelques droits!

EUGÉNIE.

Oh! je vous aimerai! tous les deux à-la-fois!

SURVILLE, *impatienté.*

Non, il faut que l'amour soit toujours sans partage,

EUGÉNIE.

Sur vous alors Linval doit avoir l'avantage ,
Car l'amour que pour vous je ressens aujourd'ui,
Vient je crois de l'amour que j'éprouve pour lui!..

SURVILLE.

Il n'en faut aimer qu'un.

EUGÉNIE.

Il me sera facile
En n'aimant que Linval de vous être docile,

SURVILLE.

Fort bien... (*avec feu.*) Si vous m'aimez, vous ne devinez pas
Tout l'éclat dont je veux, environner vos pas,
Compagne de mon sort et de toute ma vie,
Chez moi vous guidez tout au gré de votre envie,
Vous aurez tous les jours jeux nouveaux , bals charmans,
Promenades, concerts, fête et cercles brillans...

EUGÉNIE, *ingénuement.*

Je crois qu'avec Linval je mettrais mon étude,
A rechercher plutôt un peu de solitude!

SURVILLE, *à part, avec feu.*

Je n'obtiendrai donc rien! mon esprit irrité,
Croit voir par ses refus s'accroître sa beauté.
Sa froideur et m'enflamme et l'embellit encore,
Moins elle m'aime enfin plus mon ame l'adore!

EUGÉNIE , *s'approchant de Surville , les yeux
baissés.*

Monsieur, ne pourriez-vous de ma part vous charger
De tout dire à Linval et de l'interroger ?

SURVILLE.

Ah j'étouffe !..

SCENE VIII.

Les Mêmes, MARTON.

MARTON.

On accourt de tout le voisinage,
Pour vous complimenter sur votre mariage.

SURVILLE, *avec humeur.*

Fort bien.

MARTON.

Ce sont par-tout les plus charmans apprêts :
L'un vous fait des chansons, cet autre des bouquets ;
Par monsieur de Derbon, l'épithalame est faite.

SURVILLE.

L'épithalame !

MARTON.

Eh ! oui, pour vous fête complette.
Ils vont tous arriver.

JASMIN, *à part, à Marton.*

Quelle école, Marton. (*Il lui parle bas*)

SURVILLE, *à part.*

Si cet hymen manquait, morbleu ! que dirait-on ?

MARTON, *bas, à Jasmin.*

Je conçois. (*à Surville*) Quoi ! monsieur, ce serait Eugénie
Que vous aimez ?

SURVILLE.

Oui, certe !

MARTON.

Allons, quelle folie !

EUGÉNIE, *s'approchant.*

N'est-il pas vrai ?

SURVILLE, *à part.*

Folie ! .. Allons, Marton aussi !

MARTON.

Devenez son beau-père, et non pas son mari ! .

Quand le démon d'amour à vôtre âge vous tente,
On épouse une mère, ou du moins une tante,
Et non pas une fille !

SURVILLE.
Oser dire cela !

MARTON.
Seize et quarante-cinq . . . pesez bien ces mots-là !

JASMIN.
Mais, monsieur, sans prétendre être assez téméraire
Pour donner un conseil, je la laisserais faire ;
J'en aimerais nne autre. . .

SURVILLE.
.... Ignores-tu, Jasmin,
Qu'on attend dès ce soir, ici, plus d'un voisin.
Tous m'ont fait compliment sur l'amour que j'inspire ;
Je m'en étais vanté ! maintenant que leur dire ?

JASMIN.
Je conçois votre amour !

SURVILLE.
.... Il y va de l'honneur !
Je ne perds pas l'espoir de ramener son cœur ! . . .
Pour finir ces débats, dont seul il est la cause,
A partir à l'instant que mon fils se dispose,
Et qu'il soit de ces lieux exilé sans retour.   (Il sort)

MARTON.
Souvent, bannir l'amant n'est pas chasser l'amour.

SCENE IX.
JASMIN, MARTON, EUGENIE.

MARTON.
Jasmin, plus de ressource !

JASMIN
.... Et moi, j'en vois encore. ..
En pourrai-je manquer, Marton, quand je t'adore ?

(*vivement, à Eugénie.*)

Il veut vous épouser ; voulez-vous obtenir

Qu'il renonce à vous ?

EUGÉNIE.

Oui.

JASMIN.

Feignez de consentir

A combler ses desirs. . . . Amante sans partage,

Pour qu'il vous aime moins, aimez-le davantage.

EUGÉNIE, *vivement.*

Oh ! que je vais l'aimer !

JASMIN.

Point d'obstacle à ses vœux,

Et c'est de la moitié diminuer ses feux.

MARTON.

C'est cela !

EUGÉNIE.

Mais comment ? . . .

SCENE X.

Les Mêmes, LINVAL.

LINVAL, *entrant.*

Grands dieux ! c'est elle-même !

EUGÉNIE.

C'est lui !

LINVAL.

Je la revois, enfin ! bonheur suprême !

(*Il va pour tomber à ses genoux, Jasmin se met*
entre les deux.)

MARTON, *à Eugénie.*

Pour être à lui bien vite, hâtez-vous de le fuir.

EUGÉNIE.

Je fuis donc à l'instant !   (*Elle sort*)

SCENE XI.

Les Mêmes, excepté EUGENIE.

LINVAL.

Quoi! tu la fais partir?

MARTON.

Pour vous la conserver.

JASMIN.

Votre amour est au diable !
Apprenez un malheur ?..

LINVAL, *avec ivresse*.

Bonheur incomparable !
Je suis aimé, Jasmin !

JASMIN.

Calmez ce transport-là !

LINVAL.

Oh! j'en deviendrai fou.

JASMIN.

Mais vous l'êtes déjà.

LINVAL.

Tous mes vœux sont comblés !

JASMIN.

Modérez votre joie,
Votre père à Paris, dans l'instant vous renvoie.

LINVAL.

Se peut-il?

JASMIN.

Avant tout, madame doit sans bruit,
Vers elle ramener un amour qui la fuit.

MARTON.

Voudra-t-elle à présent?.. L'amour-propre qu'on blesse,
Plus que l'amour s'irrite.

JASMIN.

Eh! bien, on le caresse,

On le flatte, il revient. . . Montre-lui sagement
Que son honneur d'abord d'un tel succès dépend ;
Ensuite qu'il s'agit du bonheur d'Eugénie !
La belle occasion pour la coquetterie !
Quel prétexte charmant, honnête et délicat,
Pour se venger d'un homme, et par un coup d'éclat !
L'enchaîner de nouveau ! . . .

MARTON.

Va, va, la bonne
Ne demande pas mieux dans le fond de son ame ;
Malgré tout le courroux qui pourrait l'animer,
Je vois trop que Surville a su se faire aimer.
Même en se retenant au bord du précipice,
Par l'amour entraîné, doucement on y glisse ;
On combat sans desir de demeurer vainqueur,
En croyant le défendre, on vient livrer son cœur ;
Et la plus sage, même à la vertu fidelle,
Sans aimer, aime encor qu'on soit amoureux d'elle.
Je cours la décider.

(*Elle sort.*)

SCENE XII.

LINVAL, JASMIN.

JASMIN.

Vous, monsieur, avec art,
Pour me laisser agir, tenez-vous à l'écart.

LINVAL.

Fort bien ! Mais inspiré par le bonheur suprême
De savoir que l'on plaît à celle que l'on aime,
J'ai tracé quelques vers . . .

JASMIN.

On va vous soupçonner.

LINVAL.

Non, l'amour seul ici pourra me deviner ;

J'ai changé l'écriture et n'ai pas mis l'adresse :
Remets donc sans délai ce gage de tendresse
A ma chère Eugénie.

JASMIN, *prenant les vers*.

Eh ! non, monsieur, je veux
Produire avec ces vers un effet plus heureux.

LINVAL.

Lequel ?

JASMIN.

Disparaissez.

LINVAL.

A toi je me confie !

(Il sort.)

SCENE XIII.

JASMIN, *seul*.

Contemplons cet essai d'un amoureux genie !
Bravo ! les vers iront fort bien sous un portrait !
Pour celui de madame on n'aurait pas mieux fait.
Courons les y placer ; notre amant en colère,
Bientôt les y verra, suivons son caractère ;
De la mère, l'orgueil, seul a pû l'éloigner,
Par l'orgueil, à la mère, il faut le ramener.
Je prétends qu'il renonce à sa flamme nouvelle ;
Et par fidélité, qu'il devienne infidèle ;
Inconstant par constance, et nous prouve en ce jour,
Que sur la vanité doit l'emporter l'amour.

(Il sort)

Fin du Deuxième Acte.

ACTE III.

SCENE PREMIERE.

Mad. de SENANGE, MARTON.

MARTON.

Oui, madame, il le faut, votre gloire l'exige,
Pour votre fille enfin votre amour vous oblige
A vous faire adorer !..

Mad. de SÉNANGE.

Conçois-tu qu'un amant
Puisse par vanité changer si promptement?

MARTON.

Moi je l'ai toujours dit, dans le siècle où nous sommes?
Rien n'ai plus inconstant, après nous, que les hommes!...
Mais suivez mes conseils, et vous pourrez encor
A ramener son cœur parvenir sans effort.

Mad. de SÉNANGE.

Pourtant s'il n'aime plus?

MARTON.

L'amour en vain sommeille,
Quand le dépit l'endort, le cœur bientôt l'éveille,
Et femme qui le veut sait toujours aisément
Réveiller à-la-fois et l'amour et l'amant.
Leur sommeil est léger, d'ailleurs le bien connaître
Pour le vaincre suffit!..

Mad. de SÉNANGE.

Jasmin, que fait ton maître ?

SCENE II.

Les Mêmes, JASMIN.

JASMIN.

Madame, il se promène à grands pas dans le bois,
Il va, demeure, vient, parle et peste à-la-fois,
Tout-à-l'heure en quittant votre aimable Eugénie,
Son courroux le guida vers cette galerie,
Il s'arrête en passant devant votre portrait,
Portrait qui vous ressemble et qu'on trouve parfait,
Il remarque des vers qu'on mit sous la bordure,
Il les lit, et bientôt d'une marche peu sure,
Il le quitte, s'éloigne et soudain sur ses pas,
Revient dans leur image adorer vos appas!..
Il allait, revenait, et vous trouvait charmante,
Car les vers le disaient. Cet écrit le tourmente,
Il le prend, il le laisse, en paraissant jaloux
Qu'un autre eut osé dire autant de bien de vous!
Enfin il est sorti, rêvant, je le parie,
Plus à vous, beaucoup moins à la belle Eugénie.
Le portrait et les vers, je crois, tout bien compté,
L'ont mis sur le chemin de l'infidélité,
S'il le regarde encor il deviendra parjure.

Mad. de SÉNANGE.

Tâche qu'il le regarde encor!..

MARTON.

Pour être sûre -
De le rendre infidèle, ah! madame, il serait
Un plus sage moyen.

Mad. de SÉNANGE.

Lequel!

MARTON.

Si ce portrait

Qui n'a qu'un seul regard, qui n'a qu'un seul sourire;
Et qui ne parle pas, seul le charme et l'attire,
Jugez ce que pourrait le modèle enchanteur
Qui de plus d'un sourire employant la douceur,
Unirait à propos au regard le plus tendre
Des accens qu'un portrait ne peut lui faire entendre,
Et saurait en joignant l'esprit à la beauté,
Pour enchainer son cœur flatter sa vanité.

Mad. de SENANGE.

Quel dommage qu'un homme en tous les points aimable,
Et sous mille rapports, tout-à-fait estimable
Se laisse ainsi guider par un travers fâcheux
Et pense que briller vaut mieux que d'être heureux.

MARTON.

Le voici justement. Pour ramener son ame
Il faut tout essayer..

SCENE III.

Les Mêmes, SURVILLE.

SURVILLE, *tenant les vers.*

Qu'avec plaisir, madame,

Ici, je vous revois !

Mad. de SENANGE.

Avec même bonheur,

Je venais en ces lieux offrir à votre ardeur
Le plus flatteur espoir : à vos loix asservie,
Vous pouvez désormais compter sur Eugénie.

MARTON.

A merveille !

SURVILLE.

Il se peut ?

Mad. de SENANGE.

Cet amour passager,

Que pour Linval j'ai craint, n'était qu'un feu léger,
Devant un goût plus sage, il cède. . .

SURVILLE *triomphant.*

Eh! bien, madame,
Avais-je si grand tort de penser qu'en son âme
Je devais l'emporter ?

Mad. de SÉNANGE.

Que vous serez heureux!
Tout va vous devenir favorable, je veux
Vous prêtant auprès d'elle un appui salutaire,
Rappellant mon jeune âge et comment j'ai su plaire,
Par amitié pour vous l'instruire en l'art charmant
De rendre heureux l'époux que l'on traite en amant ;
D'unir dans ses transports la grace à la tendresse ;
Je lui dirai comment à tout heure on s'empresse
A devancer ses vœux, à combler ses desirs,
A bannir les chagrins pour fixer les plaisirs.
Il faut que par moi seule elle apprenne à vous plaire.

SURVILLE.

Elle n'aura besoin que d'imiter sa mère !

Mad. de SÉNANGE.

Je vais vous l'envoyer, et je veux sans détour,
Que vous-même par elle appreniez son amour.

(*Elle sort.*)

SURVILLE.

Ah! les vers ont raison, cette femme m'enchante!

MARTON, *sortant.*

Je le crois pris!

JASMIN, *bas.*

Dis-donc repris!

SURVIELLE.

Elle est charmante!

JASMIN, *à part.*

Il ne nous manque plus maintenant qu'un rival,
De qui l'amour. . . .

SURVILLE.

Jasmin, fais-moi venir Linval.

JASMIN.

J'y cours.   (*Il sort.*)

SCENE IV.

LINVAL, SURVILLE.

SURVILLE.

Ah! vous voilà!

LINVAL.

Déployons mon génie.

SURVILLE, *à part.*

Je vais savoir enfin s'il aimait Eugénie.

(*Haut.*)

Je vous cherchais, monsieur. Sans doute à votre tour ;
Vous m'apprendrez quel est l'objet de votre amour ;
Il est en ce lieu même une fille. . .

LINVAL.

Ah! mon père!

Eugénie est charmante!

SURVILLE.

Et vous aimez ?

LINVAL.

Sa mère!

SURVILLE.

Sa mère!

LINVAL.

Je l'adore, et voilà mon secret!

SURVILLE.

Quoi! vous pourriez. . .

LINVAL.

Mon père, eh! qui ne l'aimerait?

SURVILLE.

Une femme à son âge, et mère de famille!

LINVAL *vivement.*

Mais aimeriez-vous mieux que j'aimasse la fille?

4

SURVILLE.

Je ne dis pas cela !.. votre amour, mon ami,
N'a pas le sens commun !

LINVAL.

Eh ! qui pourrait ici
Me blâmer ? Raisonnons et convenez, mon père,
Que madame Sénange est faite encor pour plaire,
Que de grace !

SURVILLE.

Il est vrai !

LINVAL.

Que d'esprit !

SURVILLE.

J'en conviens !

LINVAL.

Le plus beau teint !.. . des yeux !.. . des yeux encor très-bien !
S'ils vous ont regardé, vous en devez connaître
Le charme et le pouvoir.

SURVILLE.

Oui, tout cela peut être !..

LINVAL.

Avec un cœur sensible, un cœur fait pour aimer,
Peut-on pour tant d'attraits ne se point enflammer !

SURVILLE.

Mais il faut, mon ami, qu'un hymen convenable...

LINVAL.

Attendiez-vous d'un fils un choix si raisonnable ?

SURVILLE.

Mais il l'est trop, morbleu !

LINVAL.

Par cet amour, je veux
Me bien mettre avec vous ; ce n'est point de ces feux
Légers, inconséquens et flamme passagère,
Comme celles du jour, amour prompt, éphémère,

Qui grand dès le matin, et déjà vieux le soir,
Naît avec le désir, et meurt avec l'espoir;
Ce n'est point un amour né de l'étourderie,
Qu'entretient l'amour-propre, et que suit la folie;
Mais un amour solide, attachement constant
Fondé sur la raison et sur le sentiment!..
Tout comme votre amour pour la fille!

SURVILLE, *à part.*

J'enrage!

LINVAL.

Vous êtes enchanté!

SURVILLE.

Mais songe donc à l'âge
De madame Sénange... elle a plus de trente ans.
C'est beaucoup trop pour toi.

LINVAL *gravement.*

L'âge chez les amans,
Se compte par le cœur, et quelque différence
Que puisse mettre entre eux les jours de leur naissance,
Le plus âgé des deux, à tout bien calculer,
Est celui dont le cœur le premier sut parler.
D'ailleurs, la différence est-elle plus étrange,
Entre moi, par exemple, et madame Senange,
Qu'entre sa fille et vous?

SURVILLE.

Songe que dans vingt ans
Tu seras jeune encor.

LINVAL.

Mais dans le même tems
La fille le sera.

SURVILLE.

L'hymen est un voyage:
Pour arriver ensemble il faudrait au même âge
Pouvoir tous deux partir.

LINVAL.

Eh ! bien, en épousant
La fille, vous serez parti long-tems avant,
Et moi, je pars après en épousant la mère.

SURVILLE.

Par prudence, avant tout, mon ami, considère
Qu'on ne pourra t'aimer.

LINVAL.

Mais peut-être déjà !..

SURVILLE.

Comment ! vous lui plairiez ?

LINVAL.

Je ne dis pas cela !
Mais si vous parveniez à charmer Eugénie,
Est-il plus étonnant que sa mère attendrie
Céde à mes doux transports ! si cet hymen se fait
Je suis votre beau-père !.. Oh ! ce serait parfait !..
Dans le monde je sais qu'on en pourra bien rire,
Et que nous prêterons tous deux à la satire,
Mais au sein du bonheur on la brave aisément !
Qu'importe un ridicule auprès d'un sentiment !

SURVILLE.

Monsieur !..

LINVAL.

Si vous trouvez cet hymen peu sortable,
Vous conviendrez au moin qu'il serait convenable,
Là, si j'avais.... votre âge...

SURVILLE.

En effet !

LINVAL.

Convenez
Que si moi j'étais vous, de tels feux couronnés,
Seraient le plus doux bien !.. qu'étant à votre place,
Cet hymen devant tous pourrait bien trouver grâce,

SURVILLE.

Mais oui.

LINVAL.

Si j'étais vous, l'on dirait, je crois,
Que la raison, le cœur, sont d'accords dans mon choix;
Que la fille est très-bien, mais qu'à présent la mère
N'a pour être parfaite aucun progrès à faire
Et quelqu'un qui d'attendre enfin n'a pas le tems,
Et voudrait au plutôt goûter les doux instans
D'un lien fortuné; quelqu'un que l'âge presse,
Et qui craint de voir fuir celui de la tendresse :
Comme moi, par exemple!.. avant d'avoir goûté
Le charme de l'hymen et sa félicité,
Doit par raison choisir celle qui tout de suite,
Peut au parfait bonheur le conduire au plus vîte,
Réunir à-la-fois le printems de l'amour
Son été, son automne, en offrir en un jour
Tous les trésors ensemble. Ah! croyez-moi, sans crainte,
Livrons-nous donc au trait dont notre ame est atteinte !

SURVILLE, *avec humeur.*

Non, monsieur, cet hymen ne peut vous convenir !
La raison le défend, bannissez un désir
Extravagant.

LINVAL.

Hélas! je savais bien, mon père,
Que je vous trouverais à cet amour contraire.
(*A part.*)
Envoyons-lui Jasmin.   (*Il sort*)

SCENE V.

SURVILLE, *seul*

Par quel destin fatal,
Va-t-il à chaque instant se montrer mon rival ?
Parle-t-il tout de bon ? Vers la fille et la mère,
A-la-fois entraîné, l'on ne sait quel choix faire,

Sans que pour l'une ou l'autre, un regret tour-à-tour,
Ne balance le choix qu'a décidé l'amour.

SCENE VI.

JASMIN, SURVILLE.

JASMIN.

Il hésite, approchons.

SURVILLE.

Jasmin, surprise extrême!

JASMIN, *à part.*

La surprise est de moi.

SURVILLE

Figure-toi qu'il aime!
Madame de Sénange elle-même.

JASMIN.

En effet,
Je ne m'étonne plus des discours qu'on tenait.

SURVILLE.

Quels discours tenait-on?

JASMIN.

On prétend qu'à la mère
Vainement vous aviez d'abord tâché de plaire,
Qu'en faveur de Linval elle avait finement
De vos vœux écondut l'hommage en badinant,
Et que vous, pour ne pas sortir de la famille,
Vous aviez reporté vos désirs vers la fille.
Plusieurs même croyant prendre à propos leur tems,
Près de madame enfin se mettent sur les rangs..

SURVILLE *avec feu.*

Eux sur moi l'emporter! ils n'y sont point encore!
Je brave les rivaux!.. quand une fois j'adore
Une femme, mon cœur l'adore obstinément,
Et je ne suis point fait à changer promptement.

JASMIN.

Je l'ai toujours pensé.

SURVILLE.

De moi l'on prétend rire !..
Ah ! c'est la mère seule à présent qui m'inspire !

JASMIN.

C'est juste !

SURVILLE, *à part.*

Dans le fait, consultons bien mon cœur...
Pour la fille, jamais une sincère ardeur
N'a dicté mes désirs, et madame Sénange
M'inspirait, je le crois, un amour sans mélange ;
Interrogeons-nous bien, voyons... et de côté !
Pour me connaître enfin... mettons la vanité !
La fille, si je veux, sera ce soir ma femme,
Et cependant je sens que je n'ai pas dans l'ame
Ce vrai contentement qui naît d'un amour pûr !..
Oui, mon amour pour l'autre est plus sage et plus sûr :
La fille dans un bal a quelques avantages,
Mais par-tout, loin du bal, pour qui sont les hommages ?
Pour la mère !.. Ah ! vers elle, exempt de vanité,
Je sens que dès long-tems tout mon cœur s'est porté.
Le dépit m'aveuglait, et ma flamme sincère,
Ne doit plus désormais s'adresser qu'à la mère.

SCENE VII.

Les Mêmes, EUGENIE.

EUGENIE *accourant.*

Ah ! monsieur, vous voilà... je vous cherche en tous lieux.
Je vous aime, monsieur... mon amour et mes vœux
Sont à présent pour vous ! je vous aime !

SURVILLE.

Au contraire,

Ne m'aimez plus !

EUGÉNIE.

Comment ?

SURVILLE.

Cherchez plutôt à plaire

A Linval ; revenez au premier sentiment
Que vous aviez pour lui.

EUGÉNIE.

Quoi, monsieur, quoi, vraiment
Vous voulez que je l'aime ? ah ! croyez, je vous prie,
Que je vais obéir. . . mais je vous en supplie,
Ne me trompez-vous pas ?

SURVILLE.

Eh ! non, non, mon enfant !

EUGÉNIE.

Vous ne m'aimerez plus ?

SURVILLE.

En père !

EUGENIE, *à part.*

C'est charmant !
Marton avait raison, j'étais loin de m'attendre
Au bonheur que j'éprouve, et je ne puis comprendre
Comment, en l'aimant plus, je puis moins le charmer ;
Moi, plus on m'aimerait, plus je voudrais aimer !

(*Elle sort.*)

SCENE VIII.

SURVILLE, JASMIN.

SURVILLE.

Ah ! Jasmin, tu le vois, je cède ma victoire,
Dans un plus doux succès je mets toute ma gloire ;
Vole auprès de la mère, et ne néglige rien
Pour m'obtenir bien vite un moment d'entretien.

JASMIN.

Elle vient à propos, et serviteur fidèle,
Je vous laisse tous deux. (*Il sort.*)

SURVILLE.

Des rivaux ! . . qu'elle est belle !

Oui, c'est elle que j'aime ; et tout mon embarras
Sera de revenir à présent sur mes pas,
Sur l'amour insensé que j'ai dans ma folie
Fait paraître à ses yeux, tantôt pour Eugénie.

SCENE IX.

Mad. DE SENANGE, SURVILLE.

Mad. de SENANGE *avec intention.*

Avez-vous vû ma fille et décidé l'instant
Où nous couronnerons l'amour le plus constant.

SURVILLE *embarrassé.*

Amour constant. . . madame. . . ami sage et fidèle,
J'ai beaucoup d'amitié certainement pour elle !

Mad. de SENANGE, *à part.*

De l'amitié, fort bien ! et déjà de l'amour,
A la simple amitié le voilà de retour. . .
Poursuivons !

SURVILLE.

Permettez, madame. . .

Mad. de SÉNANGE.

Ah ! je devine,
Quel est l'empressement du feu qui vous domine.

SURVILLE.

Ne précipitons rien ! . .

Mad. de SENANGE.

Pardonnez-moi, je veux
Grace à moi, dès ce soir, que vous soyez heureux.

SURVILLE.

Oh ! si j'osais parler ! . .

Mad. de SENANGE.

Tous les vœux de votre ame
Seront bientôt comblés.

SURVILLE.

Tous mes vœux ! ah ! madame,

Les connaissez-vous bien ?

MAD. de SENANGE.

Oui, sans doute, et je vais
Pour vous, chez le notaire envoyer tout exprès.

SURVILLE.

Un moment, s'il vous plaît ! voulez-vous bien permettre
Quelques réflexions qu'en mon ame ont fait naître
Vos refus de tantôt ?.. Pensant bien qu'à seize ans,
Votre fille ne peut vaincre ses sentimens ;
Voyant que vous semblez désirer qu'elle épouse
Mon fils au lieu de moi, mon ame en tout jalouse
De combler vos desirs, et pour tout accorder,
Aux transports de mon fils consent à la céder.

MAD. de SENANGE.

Quel sacrifice !

SURVILLE.

Eh ! non, mon plan va vous apprendre
Que c'était avant tout à moi-même me rendre
Un service éclatant. . . je lui donnais Linval :
Voilà le premier point. . . Qu'en dites-vous ?

MAD. de SENANGE.

Pas mal !
Je crains qu'à votre cœur cependant il n'en coûte.

SURVILLE.

Pas du tout !

MAD. de SENANGE.

Mais tantôt vous l'aimiez tant !

SURVILLE.

Sans doute.
Quand vous me la donniez, il fallait bien l'aimer :
Tout ce qui tient de vous est fait pour enflammer ;
Dans chacune des deux, c'est l'autre que l'on aime . . .
Adorer votre enfant, c'est vous aimer vous-même !
Aimer l'une n'est pas à l'autre être inconstant,
Et je lui suis fidèle encor en vous aimant.

Mad. de SENANGE.

Des amans d'aujourd'hui, voilà bien la tendresse,
Ils n'ont qu'un seul amour... n'ont-ils qu'une maîtresse?

SURVILLE.

Ah! rendez-moi justice, et connaissez mon cœur!
Vous aviez deviné fort bien qu'une autre ardeur
M'animait...

Mad. DE SENANGE.

Moi, monsieur!..

SURVILLE.

Oui, les rapports de l'âge
Peuvent seuls d'un hymen écarter tout orage;
Et par prudence on doit rapprocher tour-à-tour,
Là, deux printems, ici, deux étés de l'amour!

Mad. de SENANGE.

Voilà de la raison!

SURVILLE.

A vos genoux j'éprouve
Que c'est en la perdant près de vous qu'on la trouve.

Mad. de SÉNANGE, le relevant.

Ne la perdez donc plus!..

SURVILLE.

Voilà tout mon projet,
Et sans vous l'avoir dit, vous savez le secret,
Pour rendre le bonheur à mon ame ravie...

Mad. de SENANGE.

Occupons-nous d'abord de celui d'Eugénie.

SURVILLE.

Mais du vôtre je veux que nous parlions aussi.

Mad. de SENANGE.

Le sien toujours d'abord.

SURVILLE.

Tant pis, car celui-ci
Pourrait nous retarder... J'ai su qu'elle était celle
Que mon fils adorait.

Mad. de SENANGE.

Eh! bien?

SURVILLE.

Ce n'est pas elle!

Mad. de SENANGE.

Qui donc?

SURVILLE.

A deviner, je vous le donne en cent . . .
Et vous n'êtes que deux dans le château.

Mad. DE SENANGE.

Comment?

SURVILLE.

C'est vous qu'il aime! vous?

Mad. DE SÉNANGE.

Ce n'est pas Eugénie?

SURVILLE *vivement.*

N'importe, dès ce soir, morbleu! je les marie,
Et je fais leur bonheur! Le mien vient-il après?

Mad. DE SÉNANGE.

De l'hymen de ma fille attendons le succès!
Si Linval n'aime point . . . .

SURVILLE.

Il faudra bien qu'il l'aime,
Ou je fais un beau train! C'est un autre vous-même
Que je lui donne en elle! . . Et je vais sur-le-champ
Lui parler. Qu'il l'adore ou qu'il parte.

Mad. de SENANGE.

Un moment!

Laissez-moi m'en charger.

SURVILLE.

Mais s'il vous voit encore,
Je crais bien que jamais, hélas! il ne l'adore!

(*Mad. de Sénange sonne, Jasmin entre.*)

Mad. DE SÉNANGE.

Faites venir Linval.

SCENE X.

Les Mêmes, EUGENIE.

EUGENIE, *accourant.*

Ah! ma mère!... ah! monsieur!
Vous êtes aimé, Linval de tout son cœur
M'adore!

SURVILLE.

Se peut-il?

EUGÉNIE.

Il vient de me le dire.

SURVILLE.

J'étais joué!

Mad. DE SÉNANGE.

Comment?

SURVILLE.

Mais du tour il faut rire!

SCENE XI.

Les Mêmes, MARTON.

MARTON.

Madame, le notaire arrive dans l'instant.

EUGÉNIE.

Le notaire!... Ah! monsieur, vous devenez charmant!
Et puisque vous cessez de m'aimer, je m'engage
A vous aimer encor une fois davantage.

Mad. de SÉNANGE, *à Surville.*

Mais je crois deviner!.. Et pour moi son amour!
Il vous connaît, monsieur!...

SURVILLE.

Ah! je vois le détour;

Je vous expliquerai sa ruse, sa malice.
Le tour est gai, pourtant, et je lui rends justice.

SCENE XII et dernière.

Les Mêmes, LINVAL, JASMIN, LE NOTAIRE.

LINVAL.

A vos ordres, mon père, à l'instant je me rends.

SURVILLE.

Mon cher fils, j'ai tantôt blâmé vos sentimens,
Mais je ne veux leur faire aucune violence.

LINVAL.

Croyez qu'un fils soumis ! . . .

SURVILLE.

Non. Quelqu'inconvenance
Qui soit dans cet hymen qui causa vos soupirs,
Il s'agit du bonheur, j'ai comblé vos désirs ;
Madame de Sénange, à votre amour sensible,
Ne saurait plus long-tems se montrer inflexible :
A tout elle consent.

Mad. DE SÉNANGE.

Comment ! . . Que dites-vous ?

SURVILLE *fait un signe à Mad. de Senange.*

On va tout disposer pour les nœuds les plus doux.

LINVAL.

Mais, mon père !

SURVILLE.

Je sais qu'on en pourra bien rire,
Et que nous prêterons tous deux à la satire ;
Mais au sein du bonheur on la brave aisément :
Qu'importe un ridicule auprès d'un sentiment ?
Pour ton cœur cette joie était inattendue,
Amène pour signer ici ta prétendue.

(*Il passe auprès du Notaire*).

MARTON, *bas, à Linval.*

Tenez bon !

LINVAL.

(*à Marton*)   (*à Mad. de Sénange*)
Laisse-moi !.. Madame !..

Mad. de SENANGE.

Eh ! quoi, monsieur ?

LINVAL.

Vous daignez, je le sais, couronner mon ardeur.

SURVILLE.

Que fait-il ?

LINVAL, *prenant la main de Mad. de Sénange.*

Ah ! madame, ici la résistance
Est vaine, et vous allez combler mon espérance.

EUGÉNIE.

Moi, je crois qu'il se trompe !

SURVILLE.

Il y va tout de bon !
Mon cher fils, avant tout, consulte la raison.

LINVAL.

Ma raison et mon cœur sont d'accords !

SURVILLE.

Je t'en prie,
Mon cher fils, prends bien garde à faire une folie.

LINVAL.

Mon père, voyez-la !....

SURVILLE.

Songe que cet hymen
Ne peut te convenir !

LINVAL *à Surville.*

Donnez-moi votre main !

EUGÉNIE.

Mais que prétend-il donc ?

LINVAL, *faisant avancer gravement Surville et Mad. de Sénange, après les avoir regardé d'un air hypocrite.*

Mon père, et vous, madame,
Je pourrais prolonger le tourment de votre ame,

Car j'ai su pénétrer vos secrets sentimens ;
Heureux qui peut unir le cœur de deux amans !
Je vous fais de mes vœux un entier sacrifice :
Que l'amour dès ce soir tous les deux vous unisse !
Je fais votre bonheur, et je suis satisfait.
Soyez époux !   (*Il les unit.*)

Mad. de SENANGE.

Qu'entends-je ?

SURVILLE.

Ah ! madame, en effet,

Il a sû deviner...

Mad. de SENANGE.

Que votre ame m'oublie,

Aujourd'hui ne songeons qu'au bonheur d'Eugénie.
Attendons !

SURVILLE.

Volontiers ! Mais j'en donne ma foi,

Le fripon ne sera marié qu'après moi.

Mad. de SENANGE.

Ah ! monsieur, sur ce point soyez plus raisonnable.

SURVILLE.

Madame, sur ce point je suis inexorable.

EUGÉNIE *bas.*

Ah ! maman, ne va pas le remettre en courroux,
S'il va m'aimer encor.

MARTON *bas.*

Un fois votre époux,

Il ne peut l'épouser.

Mad. de SENANGE.

Mais quelle tyrannie !

Pour sa fille il faudra que l'on se sacrifie !

SURVILLE.

Quand on est bonne mère, ah ! madame, entre nous,
Pour sa fille toujours un sacrifice est doux.

EUGÉNIE.

Il faut absolument que tu te sacrifies !

Mad. de SÉNANGE.

Je ne puis partager de semblables folies.

SURVILLE.

Couronnez un transport qui doit être éternel.

MARTON.

Cédez à son amour, par amour maternel.

SURVILLE, *aux pieds de Mad. de Senange.*

Prononcez !

Mad. de SÉNANGE, *à Eugénie, en relevant Surville.*

A quel point va pour toi ma tendresse !

MARTON.

Que de force il lui faut pour avoir la faiblesse
De céder au désir qui faisait son tourment !

LINVAL, *à Surville.*

J'ai fait votre bonheur, je réclame à présent
Mêmes soins !

SURVILLE.

J'y consens ! votre main !

LINVAL.

Ah ! mon père !

SURVILLE, *sévèrement.*

Monsieur !...

LINVAL.

Mais il en faut encor une pour faire
Ce que j'ai fait pour vous !

SURVILLE, *l'amenant sur le devant de la scène.*

Non, la vôtre suffit !
Vous avez su d'abord avec assez d'esprit,
Me donner un conseil que mon cœur vous pardonne ;
Profitez de celui qu'à mon tour je vous donne ;
Souvenez-vous qu'un fils sage et respectueux,
De son père jamais ne doit blâmer les vœux,
Que toujours avec lui toute ruse est coupable !

LINVAL, *à part.*

Grands dieux !

5

SURVILLE, *gaîment.*

Mais je vous dois le sort le plus aimable.
Pour finir comme vous, je fais votre bonheur ;
Je vous donne Eugénie.

LINVAL.

Ah ! mon père !

EUGÉNIE.

Ah ! monsieur !

JASMIN, *gravement à Marton.*

Votre main ! . .

MARTON.

Je t'épouse !

JASMIN.

Oh ! destin trop prospère !

Nous voilà tous heureux !

LINVAL, *sautant de joie.*

J'ai marié mon père !

MAD. de SENANGE, *à Surville.*

Mais qui me répondra, monsieur, que désormais
Vos vœux seront fixés pour toujours ?

SURVILLE.

Vos attraits

En répondront pour moi ; tous les jours à vos charmes,
Dans sa course le tems semble rendre les armes,
Et l'on peut à-la-fois, doublement enchanté,
Vous aimer par amour comme par vanité.

FIN.

ERRATA.

Page 3, *ligne* 4, *au lieu de* commandant, *lisez* grand
officier.

Page 10, *ligne* 10, *lisez* c'est trouver.

Page 12, *ligne* 26, plus encore, *lisez*, plus encor.

De l'Imprimerie de HOCQUET et Comp., rue du Faubourg-
Monmartre, au coin du Boulevard, N. 4.